Opus 31

**Steidle + Partner
Wacker-Haus, München**

**Text
Gottfried Knapp**

**Photographien/Photographs
Stefan Müller-Naumann**

Edition Axel Menges

Herausgeber/Editor: Axel Menges

© 1998 Edition Axel Menges, Stuttgart/London
ISBN 3-930698-31-5

Alle Rechte vorbehalten, besonders die der Übersetzung in andere Sprachen.
All rights reserved, especially those of translation into other languages.

Reproduktionen/Reproductions: Bild und Text GmbH Baun, Fellbach
Druck und Bindearbeiten/Printing and binding: Daehan Printing & Publishing Co., Ltd., Sungnam, Korea

Übersetzung ins Englische/Translation into English: Maki Kuwayama, Michael Robinson
Design: Axel Menges

Inhalt

6	Wo der Mühlbach rauscht
18	Pläne
24	Bildteil
	Außenansichten 24 – Hof 36 – Wohnbereich 44 – Bürobereich 50

Contents

7	Where the Mühlbach rushes
18	Plans
24	Pictorial section
	External views 24 – Courtyard 36 – Living area 44 – Office area 50

Wo der Mühlbach rauscht

Jeder Münchener ist an dieser Stelle schon einmal überrascht stehengeblieben. Wenn man vom Haus der Kunst auf der Prinzregentenstraße nach Osten, also am Englischen Garten entlanggeht, hört man trotz des Verkehrslärms links plötzlich ein Rauschen: Unter der Straße kommt ein breiter, reißender Bach hervorgeschossen. Die Strömung ist so kräftig, daß ein paar quergelegte Felsbrocken schon einen Wasserfall zu simulieren vermögen, obwohl das Bachbett nur wenig Gefälle hat. Hier, an der »Quelle« des Eisbachs, in diesem herausgepreßten Wasserschwall, demonstrieren Surfer – vor allem an Sonntagen, wenn viele Besucher zum Haus der Kunst strömen – gern ihr Stehvermögen vor den Passanten. Sie stemmen sich mit dem Surfbrett so in den Strom, daß sie fontänensprühend von einem Ufer zum anderen hinübergetrieben werden.

Wer sich, animiert durch diese Vorführung, für den Bach mitten in der Stadt interessierte, wer wissen wollte, wo diese beeindruckenden Wassermassen unter der Prinzregentenstraße herkamen, der wurde bislang enttäuscht. Bis vor wenigen Jahren bildeten wuchtige Verwaltungsbauten auf der anderen Straßenseite eine abweisende Wand. Der Bach wurde in einem geschlossenen Rohr- und Kanalsystem unter dem Quartier hindurchgejagt. Heute haben die Fußgänger auch auf der gegenüber gelegenen Seite der Straße ihre überraschende Begegnung mit rauschendem Wasser. Das neue »Wacker-Haus«, ein Verwaltungs- und Wohngebäude der Münchener Architekten Steidle + Partner, das an der Stelle der ehemaligen Verwaltungszentrale der Wacker-Chemie steht, öffnet sich im Erdgeschoß exakt an jener Stelle, wo der wieder aufgedeckte Bach in einem offenen Kanal sichtbar unter dem Haus hindurchrauscht und unter dem Gehsteig der Prinzregentenstraße verschwindet.

Selbst wenn das Wacker-Haus keine anderen Besonderheiten zu bieten hätte als diesen offenen Wasserdurchbruch durch das Hausfundament – allenfalls in einigen Hochgebirgsdörfern gibt es ein ähnlich dramatisches Nebeneinander von Gebautem und Elementar-Bewegtem –, hätte der Neubau die Aufmerksamkeit der Münchener verdient. Doch das vom Programm her eher konventionelle Renditeobjekt zielt an so vielen Punkten über das Gewohnte, über die planerische Routine hinaus, daß man es als Glücksfall für die Baukultur und für die Bürger der Stadt München feiern kann.

Als die Verwaltung der Wacker-Chemie beschloß, aus der Innenstadt in den Vorort Perlach hinauszuziehen und das wertvolle, aber vergleichsweise schlecht genutzte Grundstück im Block Prinzregenten-, Bruder- und Unsöldstraße neu zu bebauen, sollten auf dem Grundstück zunächst nur Bürobauten errichtet werden, wie sie ja zur Behörden- und Verwaltungswelt der Prinzregentenstraße durchaus passen. Doch da sich das Grundstück tief in das traditionelle Wohnquartier Lehel hinein erstreckt, verlangte die Stadt, daß auf dem Gelände auch Wohnungen gebaut werden und daß ein Architektenwettbewerb ausgeschrieben wird. Diesen Wettbewerb haben dann Otto Steidle mit Hans Kohl und Erich Gassmann zum einen deshalb gewonnen, weil sie die beiden auf dem Grundstück zusammenlaufenden Stadtbäche wieder ans Tageslicht holten, zum anderen aber weil sie die genehmigte Baumasse fast ganz auf die Ränder des Blocks packten (und das, was dort keinen Platz fand, auf vier nach innen gerückte Türme verteilten), also einen weiten Hof schufen, der öffentlich zugänglich ist und die Sensation des schäumenden Bachs der Münchener Bevölkerung zurückgibt.

Ein weiterer Pluspunkt des Vorschlags von Steidle war die logische Verteilung der Büro- und der Wohneinheiten auf die recht unterschiedlich gewichtigen Partien des Grundstücks. Die Prinzregentenstraße ist ja die letzte repräsentative Prachtstraße des 19. Jahrhunderts in München und heute noch die meistbefahrene und lauteste Ost–West-Achse der Innenstadt. An dieser Straße wurde so gut wie nie gewohnt, flaniert oder eingekauft, sondern immer schon regiert, reprä-

1. Blick vom Dach des Wacker-Hauses auf den Eisbach und den Englischen Garten.
2. Die Bebauung des Grundstücks im Jahr 1928.
3. Die Bebauung des Grundstücks im Jahr 1989.

1. View of the Eisbach and the Englischer Garten from the roof of the Wacker Haus.
2. The development of the site in 1928.
3. The development of the site in 1989.

Where the Mühlbach rushes by

Everyone in Munich has stopped here in amazement at least once. When you are walking east from the Haus der Kunst along Prinzregentenstraße, by the Englischer Garten, you suddenly hear a rushing sound on the left, despite the noise of the traffic: a broad, very rapid stream of water, pouring out from under the street. The current is so powerful that a few rocks placed across it are enough to simulate a waterfall, even though the bed of the stream is not very steep here. Surfers like to show passers-by how good they are at standing up on the board here, at the »source« of the Eisbach, on this surging flood of water – especially on Sundays, when visitors are streaming to the Haus der Kunst. They angle their boards against the current so that they are driven from one bank to the other, with fountains of water shooting up around them.

Anyone who was prompted by this performance to take an interest in this stream in the city centre and tried to find out where this impressive mass of water under Prinzregentenstraße came from would have been disappointed until recently. Until a few years ago massive office buildings formed a forbidding wall on the opposite side of the road. The stream was forced under the area in a closed system of pipes and conduits. Today pedestrians on the other side of the road also have a surprise encounter with the rushing water. The new »Wacker-Haus«, an office and residential building by Munich architects Steidle + Partner, which stands on the site of the former headquarters of the Wacker-Chemie company, opens up on the ground floor at the precise point where the stream, uncovered again, rushes under the building for all to see in an open channel and disappears under the pavement of Prinzregentenstraße. Even if the Wacker-Haus had nothing special to offer other than this open mass of water flowing through its foundations – you would only find such a dramatic juxtaposition of buildings and the elements in a few villages high in the mountains at most – the new building would have deserved the attention of the people of Munich. But this speculative building, tending to the conventional in terms of its brief, goes so far beyond what is usual and routine planning that it can be celebrated as a very happy event for Munich's architectural culture and for the citizens of the town.

When the board of the Wacker-Chemie company decided to move out of the city centre into the suburb of Perlach and to redevelop the valuable but comparatively badly used site between Prinzregenten-, Bruder- and Unsöldstraße they intended only to build offices there at first, which would have fitted in well with the governmental and administrative world of Prinzregentenstraße. But as the site extends well into the traditional residential district of Lehel, the city insisted that housing should be built as well, and that there should be an architectural competition. Otto Steidle, with Hans Kohl and Erich Gassmann, won because they brought the two urban streams that meet on the site back to the surface again, but also because they concentrated the permitted building mass almost entirely on the edge of the block (and put the parts for which there was no room there in four towers shifted towards the inside of the site), thus creating a wide courtyard that is open to the public and gives the sensation of this foaming stream back to the people.

Another plus point in Steidle's suggestion was the logical distribution of the office and residential units over the very different sections of the site. Prinzregentenstraße is the last prestigious 19th-century boulevard in Munich, and still the busiest and noisiest east–west axis in the city centre. Almost no one lives, strolls or shops here, they have always preferred to govern, represent and administer in this area. Here embassies were housed and companies had their headquarters, and the rest of the plots were reserved for cultural buildings of national rank. The Bayerisches Nationalmuseum acquired its magnificent building with a court of honour here. And when Adolf Hitler was looking for a suitable place for his kitschy and horrific »Holy Ger-

sentiert und verwaltet. Hier hatten Botschaften ihren Sitz und Konzerne ihre Verwaltung; die restlichen Partien waren für Kulturbauten von nationalem Rang reserviert. Das Bayerische Nationalmuseum bekam hier seinen mächtigen Prunkbau mit Ehrenhof. Und als Adolf Hitler einen würdigen Platz suchte für die Kitsch- und Gruselerzeugnisse seiner »Heiligen Deutschen Kunst«, schnappte er sich ein Riesenstück vom Englischen Garten für sein »Haus der Deutschen Kunst«. Nach dem Krieg wurden dann von der Prinzregentenstraße aus jahrzehntelang die Fäden im Freistaat Bayern gezogen: Die Staatskanzlei residierte hier, bis sie ihren heftig bekämpften Neubau am Hofgarten bezog.

Die um die Jahrhundertwende errichteten Wohnhäuser in der Prinzregentenstraße, in die dann später die Verwaltung der Wacker-Chemie einzog, hatten mit ihrem gekurvten Eckgebäude und mit den flankierenden prunkvollen Erker- und Giebelaufbauten den stumpfen Winkel an der Ecke von Prinzregenten- und Bruderstraße im repräsentativen Stil des Quartiers wirkungsvoll instrumentiert. Nach dem Krieg stellte man die Fassaden des Palais in vereinfachten Formen wieder her und setzte ein Dachgeschoß im sachlichen Stil der 50er Jahre oben drauf.

Für Steidle war es selbstverständlich, daß ein Neubau an dieser eindeutig vorbestimmten, prominenten Stelle nicht plötzlich ein neues Thema anschlagen konnte, daß der Kopfbau des langgestreckten Grundstücks wieder der Verwaltung gewidmet sein müßte. Und so packte er die im Bauprogramm vorgesehenen Büros alle vorne an der Prinzregentenstraße in einen U-förmigen Baukörper, der die Fluchtlinien des östlich angrenzenden Nachbarhauses aufnimmt und um die Ecke herumführt, mit dem einen Arm dann ein Stück weit in die Bruderstraße vorstößt, mit dem anderen aber im Inneren des Blocks am Stadtsägmühlbach entlang in die Tiefe ausgreift.

Steidle hat in seinem Neubau also die Funktionen des abgerissenen Vorgängerbaus übernommen, doch auf die überholten Formen der Repräsentation verzichtet. Er war sich bewußt, daß das anonyme Büro- und Mietshaus, das sich der Bauherr vorstellte, nicht mehr so pompös mit vorgetäuschten Symmetrien und zentralistischen Formen auftreten konnte wie ehedem in der Gründerzeit die Wohnpaläste des Großbürgertums oder die Verwaltungspaläste der Industriekonzerne; er zog also als Architekt die Konsequenz aus der graduellen Abwertung der Prinzregentenstraße und aus der Demokratisierung der dort geleisteten Verwaltungsarbeit.

So ist der Haupteingang an der Prinzregentenstraße, schräg gegenüber dem Säulenpomp des Hauses der Kunst, nicht portalartig hervorgehoben. Die Wand ist einfach in der Breite und in der Höhe eines Erdgeschoßfensters ausgespart. Dennoch hat dieser schlichte Zugang eine ganz einzigartige Besonderheit zu bieten: Direkt neben dem Einlaß klafft eine zwei Stockwerke hohe rechteckige Öffnung in der einheitlich gegliederten Fassade, ein riesiges Guckloch hinunter auf den reißenden Stadtmühlbach, der hier unter der verglasten Eingangshalle und unter der Rollstuhlrampe – sie führt von der Straße in einem Knick quer hinauf über den Kanal zum Eingang – wie unter verschieden dimensionierten Brücken in beeindruckender Geschwindigkeit hindurchschießt.

Obwohl vollkommen schmucklos, ist die Schaufassade am Boulevard dennoch von urbaner Eleganz; sie kommt ohne Würde-Floskeln aus und zieht zwischen der schwerfälligen Plastizität der historischen Fassaden und den monotonen Lochmustern der Nachkriegsmoderne die Blicke der Vorbeifahrenden auf sich. Vor allem die gläserne Klimafassade, die sich in den ersten vier Obergeschossen wie eine transparente Folie um das Haus legt, eine gleißende Fläche aus stockwerkshohen Glasplatten und extrem schlanken Profilen, nimmt dem Bau seine Schwere, läßt ihn über dem verputzten Erdgeschoß geheimnisvoll irreal wirken und gibt der abgerundeten Ecke an der Bruderstraße eine geradezu stromlinienförmige Rasanz. Nimmt man noch die beiden leicht zurückgesetzten Obergeschosse mit dem straffen Lineament ihrer ausgeprägten Vordächer hinzu, dann fühlt man sich unwillkürlich an Mendelsohn oder an andere Architekten der 20er Jahre erinnert, die dem neuen Tempo in den Großstädten optimistisch Ausdruck verleihen wollten.

Hier, an dieser lauten Durchgangsstraße, hat die elegante, glatte Haut natürlich nicht nur eine ästhetisch formale, sondern vor allem eine lärm- und klimaschutztechnische Funktion. Ja, zu den kleinen Wundern des Wacker-Hauses gehört, daß hier eine technische Hilfskonstruktion die Schönheit des Außenbaus entscheidend mitbestimmt. Der vorgehängte flache Glaskasten – seine Elemente lassen sich alle einzeln öffnen – puffert nicht nur den Lärm der Straße und die Kälte im Winter ab, er erleichtert auch die natürliche Belüftung der Büroräume in allen Jahreszeiten.

Doch der schnittige Bau an der Hauptstraße wäre nicht von Steidle, wenn er ein einheitlich flaches Dach trüge, wie es die straffe Trauflinie suggeriert, wenn er also dort, wo sich die Seitenarme und der Hauptbau ineinanderschieben, nicht turmartig überhöht wäre. In all seinen städtebaulichen oder architektonischen Großstrukturen hat Steidle mit kräftigen Höhenunterschieden und Gebäudeabstufungen gearbeitet. So hat er beispielsweise die Ecken oder die Spitzen langgestreckter Zeilen turmartig überhöht oder durch einen freigestellten, vertikal aufstrebenden Baukörper kontrapunktiert – etwa in der Siedlung Mainz-Lerchenberg (1990–94) oder in der Wohnbebauung Freischützstraße in München-Johanneskirchen (seit 1994). Bei seinen hochverdichteten »Stadtstrukturen« aber schraubt Steidle die parallel hintereinandergesetzten langen Baukörper meist im rechten Winkel ineinander. Es entstehen so gitterartige Strukturen, die an ihren Knotenpunkten oft um ein Stockwerk erhöht sind, immer aber von einem Turm, der einen organisatorisch oder stadträumlich besonders prominenten Punkt markiert, überragt und dominiert werden.

Beim Verlagshaus Gruner + Jahr am Hamburger Hafen (1983–90, mit Uwe Kiessler) schieben sich zwei Querarme im rechten Winkel in die vier parallel verlaufenden langen Zeilenbauten, die in der Sprache unserer Zeit und mit den Materialien und Formen des Industrie- und Schiffbaus eine Denkfabrik formieren und dabei die Parallelstrukturen des ehemaligen »Gängeviertels« am Hafen als Erinnerung wieder aufleben lassen. Dort aber, wo der gebaute Gitterrost mit den Bedürfnissen der Öffentlichkeit kollidiert, wo ein öffentlicher Durchgang und Blickachsen das System durchbrechen, erhebt sich ein Rundbau turmartig in die Höhe. Er bündelt die in den Achsen des Baus sich stauenden Kräfte und zieht die vielfältigen Bewegungsströme aus der Umgebung auf sich.

man Art« he snapped up a large chunk of the Englischer Garten for his »Haus der Deutschen Kunst«. Then after the war the strings were pulled here for decades by the Free State of Bavaria: the state chancellery was here, until it moved into its highly controversial new building on the Hofgarten.

The residential buildings dating from the turn of the century in Prinzregentenstraße, into which Wacker-Chemie then moved its headquarters, had effectively orchestrated the obtuse angle at the corner of Prinzregenten- and Bruderstraße in the prestigious style of the district with their curved corner building flanked with splendid bays and gables. After the war the façades of the palais were rebuilt in simplified form, topped with a functional, fifties-style attic storey.

Steidle immediately understood that he could not suddenly strike up a new theme in a new building on this unambiguously predefined, distinguished site, and that the end of the long site must again be used for offices. And so he packed all the office space required by the brief into a U-shaped building at the front on Prinzregentenstraße. The offices take up the line of the neighbouring building to the east and move it round the corner, then thrust a little way into Bruderstraße with one arm, with the other cutting deep into the inside of the block along the Stadtsägmühlbach.

Thus Steidle took over the functions of the previous, demolished building, but abandoned outdated prestigious forms. He was aware that the anonymous offices and rented housing that the client had in mind could not use simulated symmetry and centralistic forms as pompously as the bourgeoisie's residential palaces or industrial offices had done at the turn of the century, and so as an architect he drew the obvious conclusion from the gradual decline of Prinzregentenstraße and the democratization of the administrative work that is done there.

Thus the main entrance in Prinzregentenstraße, diagonally opposite the columned pomp of the Haus der Kunst, is not emphasized like a portal. The wall is simply left blank to the height and breadth of a ground-floor window. And yet this plain access area has one quite unique and special feature: immediately adjacent to the entrance a rectangular opening, two storeys high, gapes in the uniformly articulated façade, a giant peephole looking down on the rushing stream below, shooting at an impressive speed under the glazed entrance hall and the wheelchair ramp – it leads from the street with one little bend across the canal to the entrance – as if under bridges of various sizes.

Although completely undecorated, the show façade on the boulevard is still urban and elegant; it manages to avoid clichéd dignity and attracts the attention of passers-by as it stands between ponderously sculptural historicist façades and the fronts of post-war Modernism with its monotonous window patterns. The glazed double layered façade in particular, which wraps around the first floor storeys like a transparent foil, a gleaming area of storey-high panes of glass and very slender profiles, relieves the building of any sense of heaviness, making it seem mysteriously unreal above the rendered ground floor and giving the rounded corner in Bruderstraße a sense of streamlined speed. If one then considers the two slightly recessed upper storeys with the tight lines of their distinctive canopies, one is involuntarily reminded of Mendelsohn or other 20s architects, who wanted to give an optimistic emphasis to the new pace of life in big cities.

This smooth, elegant skin is of course not just aesthetic and formal, it is also there as a protection against noise and excessive heat or cold in this noisy through road. Indeed, one of the small miracles of the Wacker Haus is that a technical feature makes a crucial contribution to the beauty of the building. The flat box suspended in front of it – all its elements can be opened – does not just form a buffer against road noise and the winter cold, it also makes it easier to ventilate all the offices naturally throughout the year.

But this stylish building on the main road would not be by Steidle if it had a uniformly flat roof, as the tight lines of the eaves suggests, in other words if it did not have a tower-like eminence at the point where the side

4. Steidle + Partner, Siedlung in Mainz-Lerchenberg, 1990–94. Farbkonzept: Erich Wiesner.
5. Steidle + Partner, Universität Ulm West, 1988–94. Farbkonzept: Erich Wiesner. (Photo: Verena von Gagern.)
6. Steidle + Partner mit Uwe Kiessler, Verlagsgebäude Gruner + Jahr, Hamburg, 1983-1990. (Photo: Verena von Gagern.)

4. Steidle + Partner, housing estate in Mainz-Lerchenberg, 1990–94. Colour concept: Erich Wiesner.
5. Steidle + Partner, Universität Ulm West, 1988–94. Colour concept: Erich Wiesner. (Photo: Verena von Gagern.)
6. Steidle + Partner with Uwe Kiessler, Gruner + Jahr publishing house, Hamburg, 1983–1990. (Photo: Verena von Gagern.)

Bei der Universität Ulm West, die ja ohne strenge städtebauliche Bezüge in freier Landschaft am Waldrand errichtet wurde, mußten die Turmaufbauten nicht Regie in einem Quartier führen; sie konnten sich in beinahe abenteuerlich freien Schichtungen und Farben ergehen und locker über die ausgestreckten Finger des Lehrgebäudes legen. Der auffälligste und höchste Turm hält sich sogar etwas abseits; er steht am Ende des kilometerlangen, kerzengeraden Gebäuderückgrats wie ein Aussichtsturm am Waldrand und beherbergt im Erdgeschoß die Cafeteria; er nimmt also auch funktional Abstand zu den Forschungsstätten für Hochtechnologie nebenan, die wunderbarerweise nicht mit hochtechnisierten Stahlkonstruktionen, sondern mit roh belassenen Holzständern über die im Erdgeschoß durchflutende Landschaft hinwegstelzen.

Beim Wacker-Haus in München hat Steidle dort, wo der Hofflügel und der Hauptbau zusammenstoßen, einen runden Pavillon mit einer weiten rechteckigen Terrasse auf das Dach gesetzt. Von der Straße aus ist der Aufbau nicht zu sehen; zum Hof hin aber ist er in den Turm integriert. Wer dort, hoch oben über den Dächern der Stadt, konferieren oder mit Geschäftspartnern tafeln darf, der hat einen fast einzigartigen Rundblick über die Turmkulisse der Innenstadt und über den zu seinen Füßen liegenden Englischen Garten. Er kann aber hier auch studieren, wie Steidle auf die Gegebenheiten des riesigen Blocks im Lehel, auf die Nachbarbauten und auf die beiden Bäche, die das Grundstück durchqueren, reagiert hat. Der neu gefaßte Stadtsägmühlbach bildet im Osten die Grenze des Wacker-Grundstücks. An seinem »Ufer« erhebt sich der linke, der innere Büroflügel, dessen unterstes Geschoß ein halbes Stockwerk unter der Wasseroberfläche liegt. Am Ende dieses Arms dreht sich ein Wohnturm zum Hof hin.

Der rechte Arm des Wacker-Komplexes, der sich an der Bruderstraße entlangzieht, gipfelt in drei Türmen, die übereck in den Hof vorstoßen und dabei die Fluchtlinien des anderen Hofflügels beantworten. Der vordere Teil dieses Trakts gehört noch zum Kopfbau an der Prinzregentenstraße und enthält Büros. Die Fortsetzung ist dann ganz dem Wohnen gewidmet. Am Ende dieses langen Arms gibt ein noch einmal um ein Wohngeschoß aufgestockter, gekurvter Baukörper mit seiner glatten Wand und dem Schwung der Dachkante dem spitzen Winkel an der Ecke Unsöldstraße eine originelle Pointierung.

Der Wacker-Hof öffnet sich mit seinen beiden Seitenflügeln also in V-Form auf die im Block verbliebenen Rückgebäude und Hinterhöfe hin. Doch in ihm sind die Grundstücksgrenzen aufgehoben, die nebenan noch mit hohen Mauern demonstriert werden. Die zusammengelegten ehemaligen Hinterhof-Teilstücke summieren sich zu einem erstaunlich weiten, allgemein nutzbaren Gartenhof, in dem der freigelegte Stadtmühlkanal – er zielt genau in das gebaute V hinein – seine Kraft elementar entfalten kann. Wo auf der Welt gibt es mitten in der Stadt Wohnungen und Büros, in denen das sanfte Plätschern eines Bachs zu hören ist. Schöner hat Steidle seine Vorstellungen von »Urbanität« und einer »demokratischen« Stadtgestalt bislang nicht demonstrieren können.

In einem seiner kurzen theoretischen Texte schreibt Steidle: »Eine demokratische Gesellschaft findet insbesondere in den allgemein verfügbaren Bereichen ihren Ausdruck. Insofern sehe ich den Zusammenhang von Ästhetik und Demokratie in der architektonischen Form am meisten in der Bedeutung der Qualität und Nichtqualität dieser Zwischenbereiche, also in den Zonen, die zwischen den Häusern liegen. Die öffentlichen Funktionen und Aktivitäten sind von den Verkehrsplätzen verdrängt. Nicht der Platz selbst, sondern die Nischen, die entstehen, die Neben- und Hinterplätze werden zu den ›besetzbaren‹ baulichen Strukturen, die das Überleben vorhandener und das Entstehen neuer geplanter und ungeplanter Lebensformen ermöglichen.«

Wie diese Theorie in lebendige Architektur umgesetzt werden kann, hat Steidle am Wacker-Haus mit den weiten Nischen vorgeführt, die an der Front der Bruderstraße vor den Eingängen der drei Wohntürme ausgespart und mit schlanken Felsenbirnbäumen be-

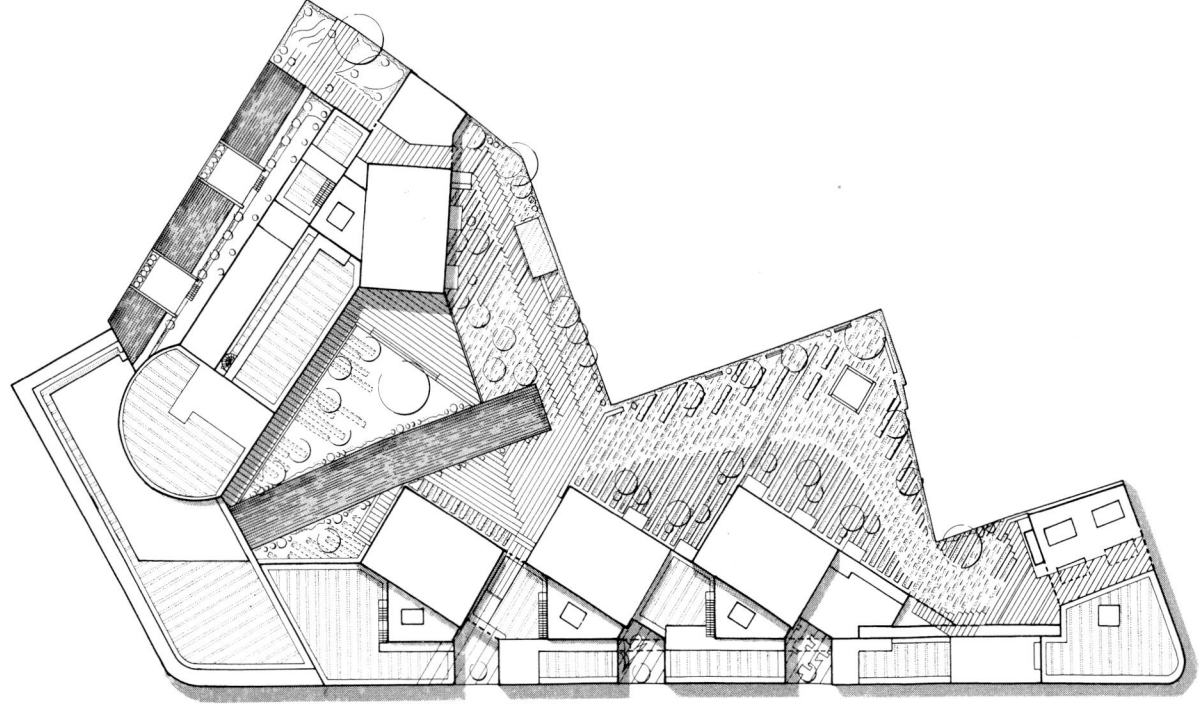

7. Steidle + Partner, Wacker-Haus, München, 1992–97. Gartenplan von Latz + Partner.
8, 9. Steidle + Partner, Wacker-Haus, München, 1992 bis 1997. »Gartenkunst« von Muhammad Abdullah H. Mumme.

7. Steidle + Partner, Wacker-Haus, Munich, 1992–97. Garden plan by Latz + Partner.
8, 9. Steidle + Partner, Wacker-Haus, Munich, 1992 to 1997. »Garden art« by Muhammad Abdullah H. Mumme.

arms and the main building meet. Steidle has worked with powerful height differences and terracing in all his large urban structures and other major projects. Thus for example he has made corners or the tips of long rows into towers, or counterpointed them with a free-standing, vertically thrusting section – for instance in the housing estate in the Lerchenberg district of Mainz (1990–94) or in the Freischützstraße residential development in Johanneskirchen in Munich (from 1994). But in his very dense »urban structures« Steidle usually screws the long sections of the building, placed parallel behind each other, together at right angles. This produces grid-like structures that are often an extra storey higher where they join, but always have a tower rising above and dominating them, a marker-point that is particularly important in terms of organizing urban space.

In the building for publishers Gruner + Jahr by the harbour in Hamburg (1983–90, with Uwe Kiessler), the two lateral arms thrust at right angles into the four long parallel blocks. These use the language of our times and the materials and forms of industrial and marine construction to create a think-tank atmosphere, thus reviving the memory of the parallel structures of the former »Gängeviertel« by the harbour. But at the point where the built grid collides with public needs, where a public pathway or lines of vision break through the system, a round structures towers into the sky. This focuses the forces that build up in the axes of the building and attracts the many currents of movement from the surrounding area towards it.

In the case of Universität Ulm West, which was built in open countryside on the edge of a wood, without any strict urban requirements, the towers did not have to direct the show in any one particular quarter; they were able to let themselves go in almost adventurously free layers and colours, or sit loosely on the extended fingers of the teaching complex. The most striking and highest tower is even a little to one side; it is at the end of the kilometre-long, dead straight spine of the building like a viewing tower at the edge of the forest, with the cafeteria housed on the ground floor; thus in terms of function as well it keeps its distance from the high-tech research facilities next door, which wonderfully do not stalk away across the countryside that floods by on the ground floor on highly technical steel structures, but on untreated timber stands.

For the Wacker-Haus in Munich Steidle has placed a round pavilion with a wide, rectangular terrace on the roof at the point at which the courtyard wing and the main building come together. This cannot be seen from the street, but on the courtyard side it is an integral part of the tower. Anyone who is able to sit there, high above the roofs of the city, conferring or eating with business partners, can enjoy an almost unique panorama of the towers in the city centre and the Englischer Garten immediately below. But he can also study how Steidle reacted to the conditions of the huge block in Lehel, the neighbouring buildings and the two streams that run through the site. The newly canalized Stadt-sägmühlbach forms the eastern boundary of the Wacker plot. The left-hand, inner office wing stands on its »bank«, with its bottom floor half a storey below the surface of the water. At the end of this arm a residential tower turns to face the courtyard.

The right-hand arm of the Wacker complex, which runs along Bruderstraße, culminates in three towers that thrust forward diagonally into the courtyard and thus respond to the line of the other courtyard wing. The front of this section is still part of the main building in Prinzregentenstraße and contains offices. The continuation is then devoted entirely to housing. At the end of this long arm a curved building, again with an additional storey for housing, sounds an original note on the acute angle at the corner of Unsöldstraße with its smooth wall and the curve of the roof edge.

Thus the Wacker courtyard with its two side wings opens in a V-shape on to the rear buildings and backyards that remain in the block. But in it the boundaries of the plot, which are clearly marked next door by high walls, are nowhere to be seen. The parts of the former backyards that have been brought together join to form an astonishingly wide garden court for general use, in which the open Stadtmühlkanal – aiming itself directly into the built V – can unleash its elemental force. Where in the world are there offices and housing in a city centre in which you can hear the gentle splashing of a stream? Steidle has so far nowhere been able to demonstrate his ideas of »urban quality« and a »democratic« shape for the city more beautifully than here.

Steidle writes in one of his short theoretical essays: »A democratic society expresses itself particularly in areas that are generally available. And so I see that aesthetics and democracy are connected to the greatest extent in the significance of the quality and non-quality of these intermediate areas, in other words in the zones between the buildings. Public functions and activities are forced out of places where there is traffic. It is not the squares themselves, but the niches that are created, the side and back squares, become the architectural structure that can be ›occupied‹, which make it possible for existing forms to survive, together with newly planned and unplanned life forms.«

Steidle has shown how this theory can be translated into living architecture in the wide niches in the Wacker-Haus that are left open in the Bruderstraße façade in front of the entrances to the two residential towers, planted with slender June-berries. And Peter Latz's sparse gardens in the courtyard and on the roofs realize something of that gentle Utopia as well. Latz did not even entertain the idea that the gardens in the courtyard could perhaps be used privately, in other words that no one could go into them. Conventional status symbols like lawns and decorative beds simply do not appear in his designs. Everything that needs looking after he leaves to the parks department and private amateur gardeners. The garden in the Wacker-Haus simulates natural spontaneous vegetation by highly artificial means. The courtyard looks like an un-weeded asparagus bed: parallel mounds and furrows run across the whole site as though someone has been working here with a gigantic rake. It is easy to imagine that at night – and this is certainly not precisely what the residents have in mind – homeless people might sleep in the made-up gravel beds.

All the plants follow the rigid hatching on the ground. Dried-up cushions proliferate on the mounds, shrubs and little trees continue the green pattern that has been started, allowing it to rise gently to the fence. A gravel path curves gently through the planted geometry, giving the impression that it might have been trampled out by the residents. Here garden design has been used to create one of those »side and back squares« that, as Steidle writes, »make it possible for existing forms to

pflanzt sind. Und auch die kargen Gärten von Peter Latz im Hof und auf den Dächern verwirklichen ein Stück jener sanften Utopie. Latz hat den Gedanken, daß die Gärten im Hof vielleicht doch privat genutzt werden könnten, also nicht betreten werden dürften, gar nicht erst aufkommen lassen. Konventionelle Statussymbole wie Rasen und Zierbeete kommen in seinen Gestaltungen nicht vor. Alles, was Pflege erfordert, überläßt er den Gartenämtern und den privaten Hobby-Gärtnern. Der Garten des Wacker-Hauses simuliert eine natürliche Spontanvegetation mit höchst artifiziellen Mitteln. Der Hof sieht aus wie ein unkrautbewachsenes Spargelbeet: Parallele Hügelzüge und Furchen ziehen sich über das gesamte Gelände, als hätte hier einer mit einem riesigen Rechen gearbeitet: Man kann sich gut vorstellen, daß sich nachts – was sicher nicht ganz im Sinne der Hausbewohner ist – Obdachlose in den gemachten Kiesbetten schlafen legen.

Alle Pflanzen ordnen sich der strengen Bodenschraffur unter. Dürre Polster wuchern auf den Hügeln, Sträucher und Bäumchen verlängern die begonnenen grünen Muster, lassen sie zum Zaun hin sanft ansteigen. Ein Kiespfad schwingt in sanften Kurven quer durch die gepflanzte Geometrie; er macht den Eindruck, als sei er von den Anwohnern ertrampelt worden. Hier ist also mit den Mitteln der Gartengestaltung einer jener »Neben- und Hinterplätze« geschaffen worden, die, wie Steidle schreibt, »das Entstehen neuer geplanter und ungeplanter Lebensformen ermöglichen«.

Auch auf den Dächern der Wohnhauszeile an der Bruderstraße hat Latz robuste Pionierpflanzen in Stellung gebracht und dabei die Richtung der Parallelstreifen aus dem Garten beibehalten. Wer also aus dem Himmel senkrecht auf das Wacker-Haus herunterschaut, dem müssen die hängenden und liegenden Gärten des Hauses wie ein einziger gepflügter Acker vorkommen. Durch die langen Trockenbeete auf dem Dach zieht sich ein für die Mieter zugänglicher Bohlenweg, der an der Stelle, an der die Außenwände zurückspringen, um kleine Plätze vor den Treppenhäusern zu bilden, mit eisernen Stegen den tiefen Abgrund überbrückt. Selten ist wohl in Deutschland auf den Dächern einer Häuserzeile eine phantastischere Promenade angelegt worden. Das ist ein Lustort für Mondsüchtige und Sonnenanbeter und all die anderen Träumer, die sich von einem Wohnhaus ein bißchen mehr erhoffen als vier massive Wände, um sich vor der Welt zu verschanzen.

Immer schon hat Steidle in seinen Wohnbauten auf dieses Mehr, auf die gemeinschaftlich nutzbaren, zur Kommunikation einladenden Zusatzräume zwischen und vor den Wohnungen besonderen Wert gelegt. Er schreibt dazu: »Im Innern kommt deshalb den Treppen und Fluren eine besondere Bedeutung zu. Sie haben nicht nur die Funktion, Verbindungswege zu sein, sondern sehr viel mehr erzeugen sie Begegnung, Kommunikation nach Innen und Außen, eine Atmosphäre der ›Bewohnqualität‹. ... Dies gilt für Aktivitäten des Wohnens und Arbeitens gleichermaßen.« Auf der »documenta urbana« in Kassel hat Steidle beim »Wohnhaus mit Treppenweg« (1979–82) die Erschließung der Wohnungen über Außentreppen fast spielerisch leicht gehandhabt. Eine graphische Struktur von auf- und absteigenden Treppenläufen, Brücken und Stegen überzieht die Fassade. Die Treppe wird zum »verlängerten Bürgersteig«, zum »halböffentlichen Weg«, der »das Erdgeschoß mit den Wohnebenen verbindet« zum »Erlebnisbereich für Bewohner, Besucher, Nachbarn und Öffentlichkeit«.

Im Internationalen Begegnungszentrum in Berlin (1979–83) zieht sich auf der Hofseite der Treppenweg hinter einem umrankten Spalier diagonal über die gesamte Fassade. Er erschließt die halbprivaten Laubengänge vor den Wohnungen der internationalen Gäste, die sich in dieser Übergangszone zwangsläufig in die Arme laufen. Beim Pilotprojekt »Integriertes Wohnen« in München (1981–87), wo das Zusammenleben von benachteiligten Bevölkerungsgruppen wie Behinderte, Alte und Kinderreiche erprobt wurde, hat Steidle die Kommunikationszonen ins Innere der gebauten Gemeinschaftshäuser verlegt. Ein großer Treppenflur, der viel natürliches Licht von oben erhält, trennt die Wohnungen voneinander und verbindet sie zugleich. Er soll einladen zu gemeinsamem Plausch und Spiel, was sicher nur gelingen kann, wenn die Mieter sich schon vor dem Belegen der Wohnungen miteinander verständigt haben.

Heute gehören die sozialen Errungenschaften dieser Pionierbauten aus den 70er und 80er Jahren längst zum Standard des sozialen Wohnungsbaus in Deutschland. Doch an die Utopie der frühen Jahre, daß die Menschen sich die halböffentlichen Zwischenräume bereitwillig mit den Nachbarn teilen, daß sich auf diese Weise ein kommunikatives Miteinander erzeugen lasse, kann heute niemand mehr richtig glauben. So überrascht es nicht, daß sich auch die architektonischen Formen im Lauf der Jahre gewandelt haben. Die Laubengänge im südlichen Teil des Wacker-Hauses zwingen die Bewohner nicht mehr direkt zur Kommunikation; sie verbinden einfach ein paar fern gelegene Wohnungen mit dem Treppenhaus und bieten eine besonders schöne Aussicht auf den Gartenhof. Der Laufsteg und die Terrassen ganz oben unter freiem Himmel aber sind für jene bestimmt, die den außergewöhnlichen Blick über die Dächer zu schätzen wissen; die anderen brauchen sich für den bizarren Treffpunkt auf dem Dach gar nicht erst zu interessieren.

Auch dazu gibt es einen passenden Satz in Steidles Gedankengebäude: »Urbanität läßt sich als abhängige Beziehung und Wechselwirkung zwischen Öffentlichkeit und Privatheit definieren. Für diese Wechselwirkung kommt den Grenzbereichen, den Übergangsbereichen vom ›eigenen‹ Raum zum allgemeinen Raum, vom Privaten zum Öffentlichen, vom Individuellen zum Kommunikativen, besondere Bedeutung zu. Die Zuordnung von Wohn-, Erschließungs- und gemeinschaftlich nutzbaren Bereichen mit ihren Grenzen und Übergängen und ihre gestalterische und funktionale Ausbildung bestimmen den kommunikativen Charakter der Gebäude.«

Auch im Bürotrakt des Wacker-Hauses gibt es solche Gemeinschaftszonen. Auf dem Dach des Büroflügels am Stadtsägmühlbach etwa und unten, direkt über dem bewegten Wasserlauf, laden hölzerne Terrassen zum Sitzen und Kaffeetrinken ein. Sie geben dem Haus eine dezidierte Wohnlichkeit und demonstrieren die Absicht des Architekten, den Bürobereich des Gebäudes so zu organisieren daß er ohne großen Aufwand in eine Folge von Wohnungen umgewandelt werden kann. »Ein Prinzip, das meine Arbeit entscheidend bestimmt, liegt darin, den Unterschied zwischen

survive, together with newly planned and unplanned life forms.«

Latz also placed hardy pioneering plants on the roofs of the row of houses in Bruderstraße, thus retaining the direction of the parallel stripes from the garden. So to anyone looking vertically down at the Wacker-Haus from the sky it must look like a single ploughed field. A plank path for the use of tenants runs through the long, dry beds, bridging the deep abyss on iron walkways at the point at which the outside walls are stepped back to form little areas in front of the staircases. It is unlikely that there are many, if any, more fantastic promenades on the roof of any row of buildings in Germany. It is a blissful place for sleepwalkers and sun worshippers and all the other dreamers who want a little more from their home than four solid walls to barricade themselves off from the world.

Steidle has always valued this plus in his residential buildings, these additional communal areas between and in front of dwellings, inviting communication. He writes on this subject: »For this reason the steps and corridors inside are particularly important. Their function is not just to connect, but to create encounters, internal and external communication, an atmosphere of ›living quality‹ ... This is true for living and working activities to the same extent.« At »documenta urbana« in Kassel, Steidle handled access to dwellings via external staircases with almost insolent skill in his »Wohnhaus mit Treppenweg« (residential building with staircase path; 1979–82). A graphic structure of rising and descending flights of steps, bridges and walkways criss-crosses the façade. The staircase becomes an »extended pavement«, a »semi-public footpath« that »combines the ground floor with the residential levels«, making it into »an area to be experienced by residents, visitors, neighbours and the public.«

In the International Encounter Centre in Berlin (1979 to 1983) a trellis with foliage twining over it runs diagonally across the whole façade. It provides access to the semi-private open corridors in front of the accommodation for visitors from all over the world, who inevitably run into each other in this transitional zone. In the »Integrated Living« pilot project in Munich (1981–87), where an experiment was made in providing common accommodation for disadvantaged groups like the handicapped, the old and large families, Steidle placed the communication areas inside the communal housing. A large hallway, generously lit by natural light from above, divides the flats from each other and unites them at the same time. It is intended to attract them to chat and play together, which can surely only succeed if the tenants have reached an understanding before moving into their flats.

Today the social achievements of these 70s and 80s pioneering projects have become standard in German social housing. But today no one can really believe in the utopian view of the early years, which suggested that people gladly share semi-public areas in between their homes with neighbours, and thus communicate with each other freely. So it is not surprising that architectural forms have changed over the years as well. The open corridors in the southern part of the Wacker-Haus no longer force the residents to communicate; they simply connect a few distant flats with the staircase and offer a particularly attractive view of the garden courtyard. But the walkway and terraces right at the top in the open air are intended for people who ap-

10. Steidle + Partner, »Haus mit Treppenweg«, »documenta urbana«, Kassel, 1979–83. (Photo: Verena von Gagern.)
11. Steidle + Partner, Internationales Begegnungszentrum, Berlin, 1979–83. (Photo: Verena von Gagern.)
12. Steidle + Partner, Wohnanlage an der Genter Straße, München, 1969–72.

10. Steidle + Partner, »House with external circulation«, «documenta urbana», Kassel, 1979–83. (Photo: Verena von Gagern.)
11. Steidle + Partner, International Encounter Centre, Berlin, 1979–83. (Photo: Verena von Gagern.)
12. Steidle + Partner, residential complex in Genter Straße, Munich, 1969–72.

den Bauten für das Wohnen und Arbeiten aufzuheben. Beides muß wechselseitig und nebeneinander möglich sein. Diese Forderung bedingt einen Typus, der vielfältig nutzbar und mit ausreichend disponiblen Flächen und Höhen ausgestattet ist – eine Einheit in einem großen Verband, Lofts, Fabriken zum Wohnen und Wohnungen zum Arbeiten.«

Schon der erste Bau, mit dem Steidle – er war damals gerade 28 Jahre alt – überregional bekannt wurde, wirkte auf die Fachwelt wie die kompromißlose Durchführung dieser architektonischen Forderung. Bei der Wohnanlage in der Genter Straße in München (1969–72) hat Steidle mit Betonstützen – sie sehen aus wie Baumstämme mit schlecht gekappten Ästen – eine kubische Struktur, eine Art Gestell errichtet, in das dann, je nach dem Bedarf der späteren Bewohner, Böden, Decken und Wände eingehängt wurden. So entstanden individuelle Nutzungseinheiten, die mit ihren Bewohnern kontinuierlich wachsen oder auch schrumpfen konnten. Die meisten werden heute noch zum Wohnen benutzt, doch es gibt auch Mischformen; Steidle selber hat dort sein Architekturbüro eingerichtet, als wolle er der Welt beweisen, daß sich Wohnen und Arbeiten nirgends so variabel und frei gestalten lassen wie in einer neutralen Raumstruktur, in die jeder das einfüllen kann, was er gerade benötigt.

»So ist es zum Beispiel meine Absicht, kollektive und kommunikative ›öffentliche‹ Bereiche und identifizierbare individuelle Bereiche zu strukturieren, ›Privatheit und Öffentlichkeit‹ ... in einen Dialog zu setzen. Es geht bei den baulichen Strukturen also keinesfalls nur um technische Möglichkeiten, sondern darum, ein soziales und kulturelles Anliegen in eine bauliche Form zu bringen.«

Die praktischen, vitalen Vorbilder für seine Architektur der sozialen Kommunikation hat Steidle dort gefunden, wo er selber aufgewachsen ist und heute als erfolgreicher Architekt und Architekturlehrer wieder lebt: auf dem Land. Die architektonisch eindrucksvolle Landarbeitersiedlung »La Mandria« in der Nähe von Turin etwa – sie sieht mit ihren Spitzbögen auf den ersten Blick aus wie eine Friedhofsarkade – ist für Steidle der Inbegriff einer exakt vorstrukturierten und doch für die unterschiedlichsten Nutzungen offenen Architektur: »In der Struktur einer neugotischen Arkade ist alles untergebracht: Wohnen, Scheune Gasthaus, Verwaltung und ›scuola elementare‹. Die architektonische und funktionale Vorgabe ist vielfältig interpretierbar und unterschiedlich nutzbar.«

Auf seinem eigenen Bauernhof in Harpfing bei Passau hat Steidle im Lauf der Jahre ein ähnliches Lebens- und Arbeitsmodell entwickelt. Er hat dort die Scheune, den Stall und den Geräteschuppen, die mit dem Wohnhaus zusammen ein Geviert bilden, für die Feldarbeit aber nur noch zum Teil gebraucht werden, behutsam weitergebaut und umfunktioniert. Nun gibt es also einen Wintergarten, Ateliers und Gästezimmer für die Mitarbeiter in den alten ländlichen Strukturen. Immer wenn ein neues Architekturprojekt durchdacht wird, also in der ersten kreativen Phase der Bearbeitung, bewährt sich der Vierseithof in Niederbayern als Ideenschmiede.

Auch sonst überlagern sich bei Steidle Inhalt und Struktur oft auf recht originelle Weise. Als beim Bau der Universität Ulm West die Holzständerkonstruktion noch nicht verkleidet war, die Wände also noch fehlten, sah das mehrgeschossige Holzgerüst aus wie das Gehäuse eines Sole-Gradierwerks oder wie ein offener Heustadel. Niemand wäre auf die Idee gekommen, daß in diesem Stück Handarbeit der Zimmerleute einmal Forschungsinstitute für extremste technische Entwicklungen einziehen würden.

Sieht man sich das Innere des Wacker-Hauses mit dem Bewußtsein an, daß auch in den Bürotrakten die mögliche Wohnnutzung mitbedacht ist, wird man die Qualität und die Eigenheiten einzelner Räume doppelt zu schätzen wissen. Da ist beispielsweise die Eingangshalle an der Prinzregentenstraße. Als Lobby für ein siebengeschossiges Bürohaus, das nur einen einzigen Mieter hat, ist sie fast luxuriös dimensioniert; doch in einem Wohnhaus der gleichen Größe hätte dieses Foyer als zentraler Verteiler und halböffentlicher Gemeinschaftsbereich nach Steidles Vorstellung vielfältige Rollen zu übernehmen.

Was immer die Halle repräsentieren soll, sie bleibt als einzigartiges Raumgebilde in Erinnerung. Der gerundete Teil in der Ecke des Gebäudes, der fast wie eine Apsis aussieht, ist eine Herausforderung an die Phantasie. Die Hauptattraktion des Foyers wird aber immer die zum Hof wie zur Straße hin voll verglaste Brücke über den Stadtmühlbach sein, die im Erdgeschoß die Verbindung zwischen den beiden Flügeln schafft. Sie verläuft auf zwei Ebenen. Von beiden Flügeln aus führt eine Treppe hinunter auf das Podest, das wie eine Aussichtskanzel über dem Bach hängt und die Räume im ausgebauten Untergeschoß erschließt. Das Parkett aus massivem Eichenholz, das sich durch das gesamte Gebäude zieht – die Hälfte der europäischen Jahresproduktion soll im Wacker-Haus verarbeitet worden sein –, tut ein übriges, um den Eindruck der Exklusivität zu verstärken.

Begibt man sich von der Eingangshalle links in das Untergeschoß hinunter, erreicht man am Ende des Gangs die Cafeteria, die aus dem Seitenflügel ausschert und unter der Gartenebene zum Stadtmühlbach hinüberstößt. Sie öffnet sich mit ihrer verglasten Außenwand auf einen abgesenkten, mit Bäumen bestandenen, schattigen Binnenhof, der nur vom Bürotrakt aus zugänglich ist. Die Sensation des langgezogenen Raums ist aber das riesige Bullauge zum Bach hin. Es reicht bis tief unter die Wasseroberfläche, gestattet den Gästen also einen bequemen Blick ins Innere des Bachs, gibt ihnen einen Eindruck von der losgelassenen Wucht der Natur: Siebzehn Kubikmeter Wasser rasen pro Sekunde am Fenster vorbei. Wie dieser Raum und seine Gartenterrasse benutzt werden könnten, wenn die Büros in Wohnungen umgebaut würden, liegt auf der Hand: Für einen Kindergarten kann es kaum einen geeigneteren Ort geben als diesen abgesenkten Querriegel und die geschützte ruhige Terrasse davor.

Wenn man von dieser Terrasse aus hinaufschaut zum Dachpavillon über dem Eingangstrakt, dann hat man neun Stockwerke vor sich; doch der Kopfbau wirkt hier auf der Hofseite eigentlich noch wesentlich höher, großstädtischer. Der strikt in allen Geschossen und Räumen repetierte Fensterraster mit den drei unterschiedlichen Lochformen – eine Fenstertür wird von zwei gleich breiten Fenstern flankiert, darüber liegen quer kleine Oberlichter – läßt in seiner rhythmisch gebändigten Unruhe das Gebäude höher erscheinen. Doch die prägende Wirkung geht nicht vom Lochmuster, sondern von der Farbe aus. Als die Mauer noch

preciate the extraordinary view over the roof-tops; the others do not need to take an interest in this bizarre meeting-place on the roof.

There is a relevant sentence about this in Steidle's edifice of thoughts as well: »Urban quality can be defined as independent relation and interaction between public and private spheres. Border areas, areas of transition from one's ›own‹ space to the general space, from the individual to the communicative, are particularly significant for this interplay. The relation of living, access and common areas with their boundaries and transitions and their development in terms of design and function determine the communicative character of the buildings.«

There are common areas like this in the Wacker-Haus as well. Wooden terraces offer an invitation to sit down and drink coffee on the roof of the office wing by the Stadtsägmühlbach, for example, and downstairs directly above the rushing water. They give the building a distinctly homely quality and demonstrate the architect's intention to organize the office area in such a way that it can be turned in to a series of flats without too much difficulty. »One principle that is crucial to my work is to remove the difference between residential and working buildings. Both must be possible reciprocally and alongside each other in the same building. This demand needs a type that can be used in a variety of ways and is provided with an adequate number of useful areas and levels – a unit with in an integrated whole, lofts, factories to live in and homes to work in.«

The very first building that established Steidle's reputation outside the local area – he was just 28 at the time – seemed to the specialist world like an uncompromising implementation of this architectural requirement. In the residential complex in Genter Straße in Munich (1969–72), Steidle built a cubic structure, a kind of stand made up of concrete supports – they look like tree-trunks with badly-cut branches – in which floors, ceilings and walls were suspended according to the needs of the people who later moved in. This led to individual user units that could continually grow or shrink with their residents. Most of them are still used as homes today, but there are mixed forms; Steidle himself has set up his architect's office there, as though he wanted to show the world that there is nowhere that living and working can be so freely handled as they can in a neutral spatial structure where everyone can fit in precisely what they need.

»Thus for example I intend to structure collective and communicative ›public‹ areas and identifiable individual areas, to ... encourage a dialogue between ›private and public‹. And so architectural structures exist not only to use technical possibilities in built form, but to meet social and cultural requirements in that way.«

Steidle found the practical, vital models for his architecture of social communication in the place where he grew up himself and where he now lives as a successful architect and teacher of architecture: in the country. For Steidle, the architecturally impressive agricultural workers' estate of »La Mandria« near Turin, to name one example – its pointed arches make it look like a cemetery arcade at first glance – is the epitome of precisely prestructured architecture that is nevertheless open to a whole variety of uses: »Everything is accommodated in the structure of a neo-Gothic arcade: housing, barn, inn, administration and ›scuola elementare‹. The architectural and functional basis can be interpreted and used in a number of ways.«

Steidle has developed a similar living and working model in his own farmhouse in Harpfing near Passau. There he has carefully extended and converted the barn, the stable and the toolsheds that form a square with the house, and that are rarely used for agricultural purposes. And so now he has a conservatory, studios and guest-rooms for his collaborators in the old rural structures. Whenever a new architectural project is being thought through, in other words in the first creative phase of development, the square farmstead in Lower Bavaria is still the forge for ideas.

Content and structure often overlap for Steidle in other unusual ways as well. When Universität Ulm West was being built and the timber frame was not clad, the walls were missing, the multi-storey wooden frame looked like a salt-grading plant or an open hay-barn. No one would have realized that research institutions for high-tech development work were going to move into this piece of carpenters' handicraft.

If you look at the inside of the Wacker-Haus knowing that the office sections are intended as possible housing as well, then you will be doubtly aware of the quality and unusual nature of these individual rooms. Take for example the entrance area in Prinzregentenstraße. Its dimensions are almost luxurious for the lobby of a seven-storey office building with only one tenant; but in a residential building of the same size Steidle feels that this foyer would have to take over a number of roles as a central distribution area with semi-public, communal status.

Whatever the lobby is intended to represent, it remains in the mind as a unique spatial structure. The rounded section at the corner of the building, which looks almost like an apse, is a challenge to the imagination. But the main attraction of the foyer will always be the bridge over the Stadtmühlbach, fully glazed on the courtyard and street sides, which connects the two wings on the ground floor. It runs on two levels. A staircase leads from both wings down to the platform that is suspended over the stream like a viewing cockpit and gives access to the rooms in the extended basement storey. The solid oak parquet floor, which also runs right through the building – the Wacker-Haus is said to have swallowed up half of one year's European output of this product – also contributes to the impression of exclusivity.

If you go down to the basement from the left-hand entrance hall, at the end of the corridor you come to the cafeteria, which breaks out of the side wing and thrusts over to the Stadtmühlbach below the level of the garden. Its glazed outer wall opens on to a sunken, tree-lined, shady inner courtyard accessible only from the office section. But the sensational feature of this long room is the gigantic circular porthole giving on to the stream. It goes deep below the surface of the water and gives visitors a comfortable look inside the stream, and an impression of the unleashed power of nature: seventeen cubic metres of water race pass the window every second. It is obvious how this room and its garden terrace could be used if the offices were converted into flats: there could hardly be a more suitable place of a kindergarten than this sunken transverse section and the sheltered, peaceful terrace in front of it.

Now if you look out over this terrace to the roof pavilion above the entrance section, then you have nine

13. Steidle + Partner, Wacker-Haus, München, 1992–97. Bau des Betts des Stadtmühlbachs. (Photo: Siegfried Kiener.)
14. Steidle + Partner, Wacker-Haus, München, 1992–97. Bau des Betts des Stadtmühlbachs.
15. Steidle + Partner, Wacker-Haus, München, 1992–97. Bullauge am Stadtmühlbach. (Photo: Stefan Müller-Naumann.)

13. Steidle + Partner, Wacker-Haus, Munich, 1992–97. Construction of the bed of the Stadtmühlbach. (Photo: Siegfried Kiener.)
14. Steidle + Partner, Wacker-Haus, Munich, 1992–97. Construction of the bed of the Stadtmühlbach.
15. Steidle + Partner, Wacker-Haus, Munich, 1992–97. Porthole on the Stadtmühlbach. (Photo: Stefan Müller-Naumann.)

ungefärbt dastand, wirkte die Innenseite des Hofs teppichhaft flach, ja monoton. Erst das aufgetragene helle Blau gab den Baukörpern Plastizität und dem Hof seine suggestive Tiefe.

Steidle war einer der ersten Architekten, der nach den Jahrzehnten der koloristischen Prüderie den emotionalen Wert der Farben für sich entdeckte und so eine Renaissance der Farben in der Architektur einleitete. Vor einigen Jahren hat er sich auf diesem Gebiet mit dem Künstler Erich Wiesner verbündet. Die stellenweise starkfarbigen Strukturen der Universität Ulm West waren wohl ihr eindrucksvollstes gemeinsames Werk. Daß die langen sperrigen Riegelbauten in der Landschaft eine überraschende rhythmische Leichtigkeit bekamen, war großenteils eine Leistung der Farben.

Auch beim Wacker-Haus hat Wiesner auf verblüffende Weise Akzente gesetzt, Gewichte verteilt, Räume geordnet und Heiterkeit verbreitet. Das saftige Ultramarin, das am Haupteingang an der Prinzregentenstraße die inneren Seitenwände bedeckt, ist nicht nur als künstlerische Reaktion auf die Vitalität des darunter fließenden Wassers zu verstehen. Es macht den architektonischen Einschnitt in der zurückhaltend hellocker gestrichenen Straßenfront zum physischen Ereignis. Der Baukörper wirkt nun plötzlich wie aufgeschlitzt; die Außenhaut wechselt mit der Richtung abrupt den Charakter. Der Eingang wird zur Körperöffnung.

An anderen Partien des Hauses sind ganz andere Farbwirkungen angestrebt, doch der Effekt ist kaum geringer. Als nach dem Färben der Wände die Gerüste fielen, gab es Proteste in der Münchener Bevölkerung. Die teilweise ungemildert starken Farben an den Fassaden der Bruderstraße seien einer Häuserzeile in einem alten Wohnquartier nicht angemessen, war den empörten Leserbriefen zu entnehmen. Auch die Bewohner des Wacker-Hauses selber zeigten anfangs Berührungsängste; sie setzten durch, daß von ihren Balkonen und Veranden aus keine starken Farben an den Wänden des Neubaus zu sehen sind.

All diese Reaktionen bestätigen nur die direkte körperliche Wirkung der Farben; sie zeigen aber auch, wo die neue Farbenphobie herkommt. Einen beträchtlichen Anteil der Schuld daran trägt die Architektenschaft selber: Mit der Ehrlichkeits- und Reinheitsideologie der zweiten Moderne nach dem Krieg haben sie den Menschen suggeriert, daß Farben an der Außenhaut eines Gebäudes nicht mehr zeitgemäß seien. Doch die Architektur hat sich in allen großen Kulturepochen starker Farben bedient. Und sie wird es wieder tun, wenn der augenblickliche Trend anhält und die Pionierarbeiten von Avantgardisten wie Steidle und Wiesner Schule machen.

Die farbigen Fassaden an der Bruderstraße sind neben der gleißenden gläsernen Brustwehr an der Prinzregentenstraße die Erkennungsmerkmale, die dem Wacker-Haus zu seinem raschen Ruhm in der Stadt verholfen haben. Blickt man die Bruderstraße von ihren Enden aus hinauf oder hinunter, ziehen sich die Farbfelder zusammen, die Farbabfolge bekommt einen Rhythmus, den man sehr gut musikalisch umsetzen könnte. Daß Wiesner die lange Zeile in der Ulmer Universität nach einer Fuge von Johann Sebastian Bach komponiert, also die Abfolge der Einsätze mit Farbtönen nachvollzogen hat, das bestätigt nur, was man auch hier an der Bruderstraße in München empfindet. Die Farben lösen einander ab wie die schwarzen und weißen Tasten einer Klaviatur. Wiesner spielt also auf seinem Farb-Klavier, er läßt die architektonischen Elemente an den Fassaden tönen. In sonorem Ultramarin posaunt der erste Wohntrakt der Zeile seine Botschaft aus. Effektvoll hebt sich das Weiß des zweiten identischen Bauglieds davon ab. Den Rest der Zeile strukturieren drei flache Erkerkästen, die, wie die vorgehängte Lärmschutzhaut am anderen Ende des Blocks, über vier Stockwerke gehen. Jeder von ihnen trägt eine andere Farbe. Sie hängen also vor dem hellen Grund wie monochrome Bilder an einer Galeriewand: Wer hat Angst vor Rot, Blau und Gelb?

Die Farbordnung folgt also dem Schnitt der Wohnungen und dem Relief der Fassaden, doch sie schlägt nicht durch bis in den Hof. Dort gelten andere Gesetze. Im Garten tragen die Frontseiten der drei schräg gestellten Türme ein mildes Blau, Grün und Gelb nach dem Goetheschen Farbenkreis, was die Staffelung besonders sinnfällig macht. Im Inneren hat Wiesner nur in den halböffentlichen Bereichen Markierungen gesetzt. So lassen kräftige rechteckige Farbfelder in den Treppenhäusern so viel farbigen Widerschein entstehen, daß die hohen Schächte um die Liftkästen in milden Schattierungen aufblühen. Nimmt man noch die roten Schlagleisten an den Holzfenstern dazu – ein Detail, dessen auflockernde Wirkung sich nur aus der Nähe erschließt –, dann begreift man, daß die Architektur sich mit den aufgetragenen Farben nicht schmückt, sondern eine intensive Symbiose eingeht.

In seinem prgrammatischen Text zum Wacker-Wettbewerb hat Steidle die Idee seines Entwurfs beschrieben: »Die unterschiedlichen Elemente des Gesamtentwurfs zielen auf die selbständige Charakteristik der einzelnen Teile ab, ohne das Ziel eines kompositorisch zusammenhängenden Komplexes aufzugeben. Das Thema ›Einheit und Vielfalt‹ ist als architektonisches und urbanistisches Thema an dieser Stelle geradezu eine Herausforderung.« Daß diese Einheit der vielen individuellen, ja im Detail fast kapriziösen Teile gelungen ist, daß hier alle Einfälle und Eigenwilligkeiten in der Wirkung des Ganzen aufgehen, wird jeder bestätigen, der einmal durch den Hof gegangen und durch das Haus geführt worden ist. Das Wacker-Haus bietet also mehr als die Summe seiner Attraktionen, mehr als ein Nebeneinander von einprägsamen Fassaden und rhythmisch gestaffelten Baukörpern, von kanalisiertem Wasser und geordneter Natur, von körperhaften Farben und farbigen Volumina. Es ist ein Organismus, der zwar die Handschriften seiner verschiedenen Schöpfer trägt, aber die individuellen Leistungen zu etwas Unvergleichbarem zusammenschmilzt.

storeys in front of you; but here on the courtyard side the building actually becomes substantially higher, more metropolitan. The window grid, repeated strictly on all floors and in all spaces, with three different shapes for the apertures – a French window is flanked by two windows of the same width, with small transverse toplights above them – makes the building seem higher in its rhythmically controlled restlessness. But the key effect does not come from the pattern of apertures, but from colour. When the wall was still unpainted, the inner side of the courtyard seemed flat, like a carpet, in fact monotonous. It was not until the light blue paint was applied that the building became three-dimensional and the courtyard acquired its suggestive depth.

Steidle was one of the first architects to discover the emotional value of colour after years of prudishness in this area, and thus introduced a colour renaissance in architecture. A few years ago he joined up with artist Erich Wiesner in this field. The strong colours of some sections of Universität Ulm West were probably their most impressive work together. It was largely due to the colour that the long, bulky buildings acquired an amazing lightness in the landscape.

In the Wacker-Haus as well Wiesner heightened details, distributed weights, arranged spaces and radiated cheerfulness. The rich ultramarine on the side walls in the main entrance in Prinzregentenstraße is not just an artistic response to the vitality of the water flowing underneath. It makes the architectural incision into the reticent, ochre-painted façade into a physical event. The building now suddenly seems as though it has been slit open: the outer skin suddenly changes its character with the direction. The entrance becomes an opening in the body of the building.

Colour has been used to quite different effect in other parts of the building, but the impact is hardly less. When the scaffolding came down there were protests about the colours from the people of Munich. Angry letters to the papers complained that the colours, uncompromisingly strong in places, used for the Bruderstraße façades were not appropriate to a row of buildings in an old residential quarter. The residents of the Wacker-Haus themselves also were anxious to make contact at first; they managed to get Steidle to agree that no strong colours should be visible on the walls of the new building that could be seen from their balconies.

All these reactions only confirm the direct physical effect of the colours; but they also show where the new colour phobia comes from. The architects themselves are to blame for this to a great extent: they used the ideology of honesty and purity of the second Modern period after the war to suggest to people that colours on the outer skin of a building were no longer up to date. But architecture has deserved strong colours in all epochs. And it will do again when the present trend is over and the pioneering work of avant-garde figures like Steidle and Wiesner become the accepted thing.

The coloured façades in Prinzregenten- and Bruderstraße, along with the dazzling glazed breastplate in Prinzregentenstraße, are the striking features that quickly made the Wacker-Haus famous in the city. If you look up from either end of Bruderstraße the colour fields come together, the colour sequence acquires a rhythm that could very well be implemented in music. The fact that Wiesner composed the long line of buildings in Universität Ulm West in the manner of a Bach fugue, in other words followed the sequence of thematic entries with colours, only confirms the effect made here in Bruderstraße in Munich. The colours give way to each other like the black and white keys on a piano keyboard. And so Wiesner plays on his colour piano, and allows the architectural elements to ring out in the façades. The first residential section in the row trumpets its message. The white of the second identical section stands out from its neighbour. The rest of the row is structured by three shallow box-like bay windows rising through four storeys like the noise-reduction skin suspended in front of the other end of the block. Each of them is painted a different colour, and so they hang in front of the light background like monochrome pictures on the walls of a gallery. Who's afraid of red, blue and yellow?

Thus the colour order follows the section of the dwellings and the relief of the façades, but it does not break through into the courtyard. Other rules apply there. In the garden the ends of the three diagonally placed towers are painted a gentle red, green and yellow, following Goethe's colour circle, which makes the staggering particularly meaningful. In the interior Wiesner marked only the semi-public areas. Thus powerful rectangular colour fields on the stairwells reflect so much colour that the high shafts around the lifts blossom in a variety of mild shades. But if you also consider the red rebate edges on the wooden windows – a detail whose relaxing effect is only visible from nearby – then you see that the architecture does not wear these colours as decoration, but enters into an intensive symbiosis with them.

Steidle described the idea of his design in his programme-essay for the Wacker competition: »The various elements in the overall design aim at the independent characteristics of the individual parts, without abandoning the aim of a complex that will be coherent as a competition. The theme of ›unity and variety‹ is an absolute challenge as an architectural and urban theme on this site.« The fact that this unity has been successfully achieved for the various parts, which are individual, indeed capricious in their detail, will be confirmed by anyone who has once walked through the courtyard and been shown over the building. Thus the Wacker-Haus offers more than the sum of its attractions, more than a juxtaposition of striking façades and rhythmically staggered buildings, of channelled water and ordered nature, of corporeal colours and coloured columns. It is an organism that certainly carries the handwriting of its different creators, but fuses the individual contributions together into something incomparable.

1. Lageplan.
2. Der Komplex in seinem städtebaulichen Umfeld.
3. Abwicklung der Fassaden zur Prinzregenten- und zur Bruderstraße.

1. Site plan.
2. The complex in its urban context.
3. True elevation of the façades facing Prinzregenten- and Bruderstraße.

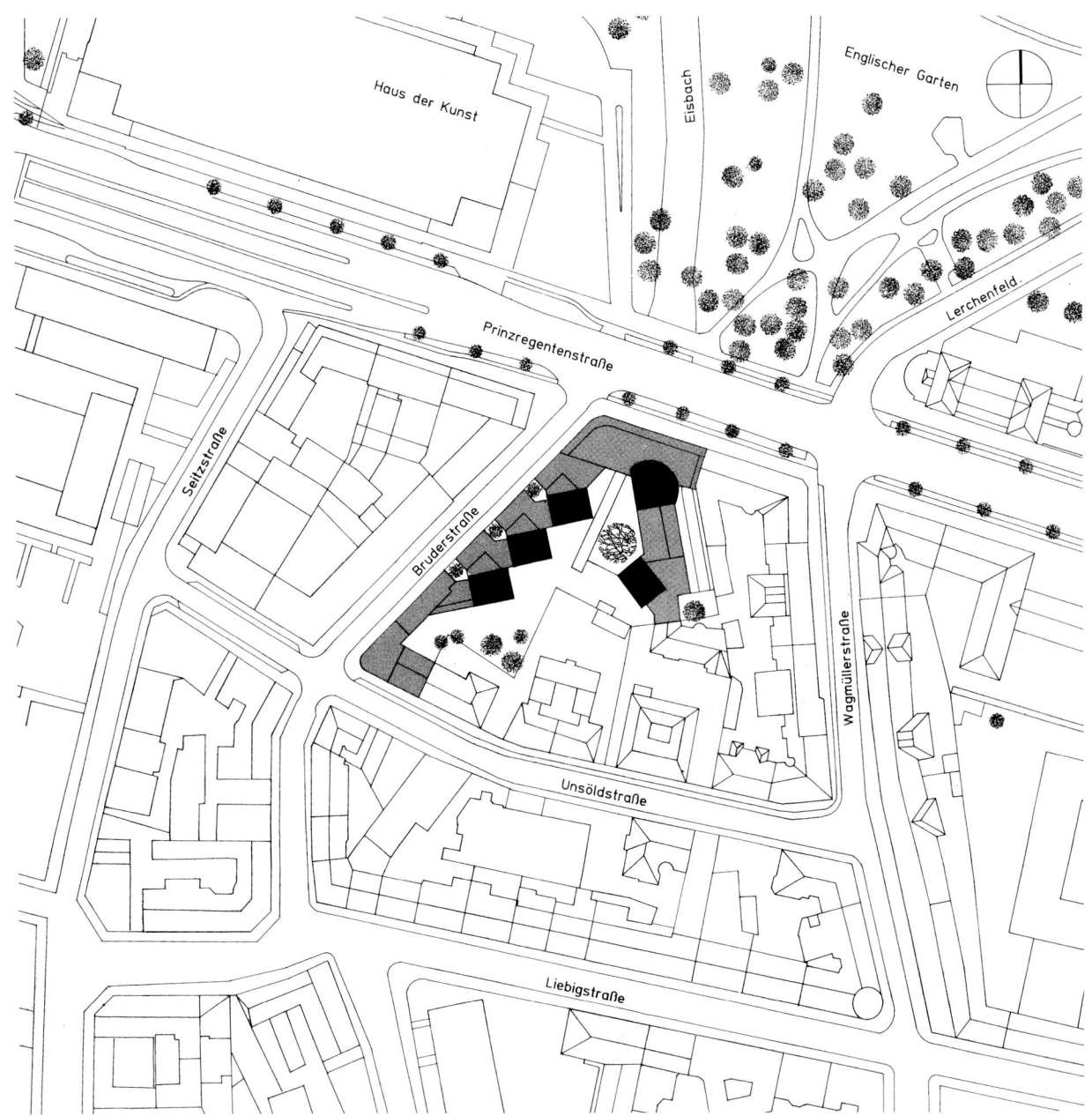

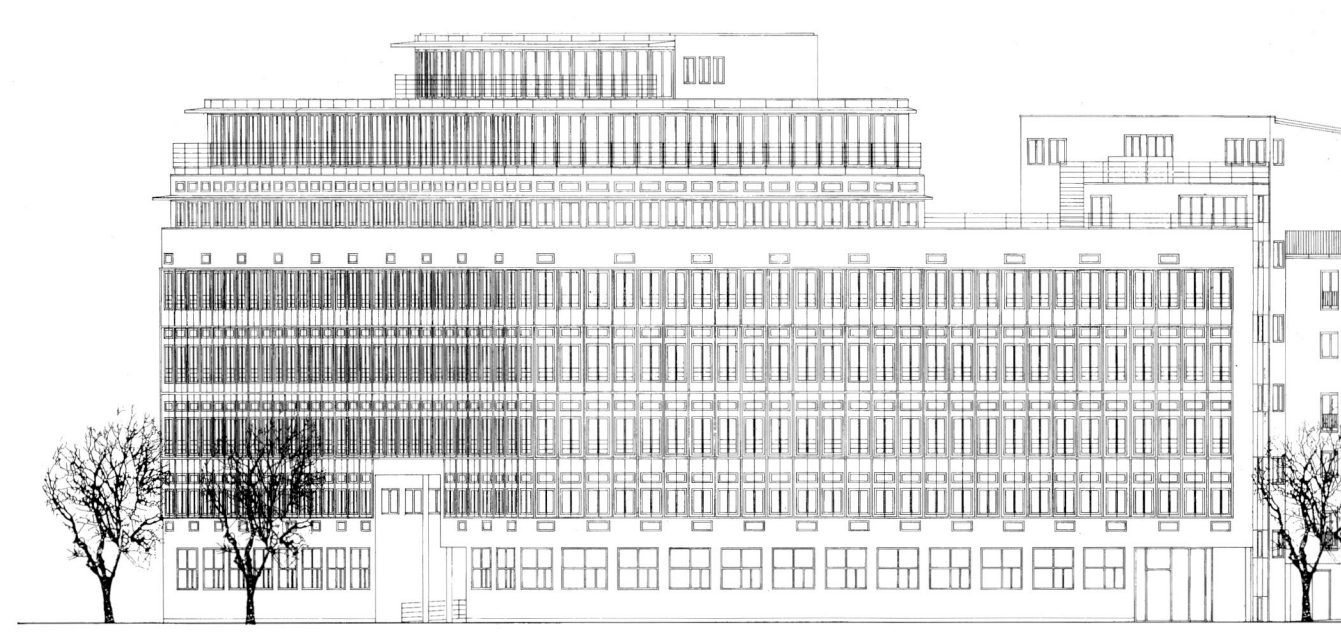

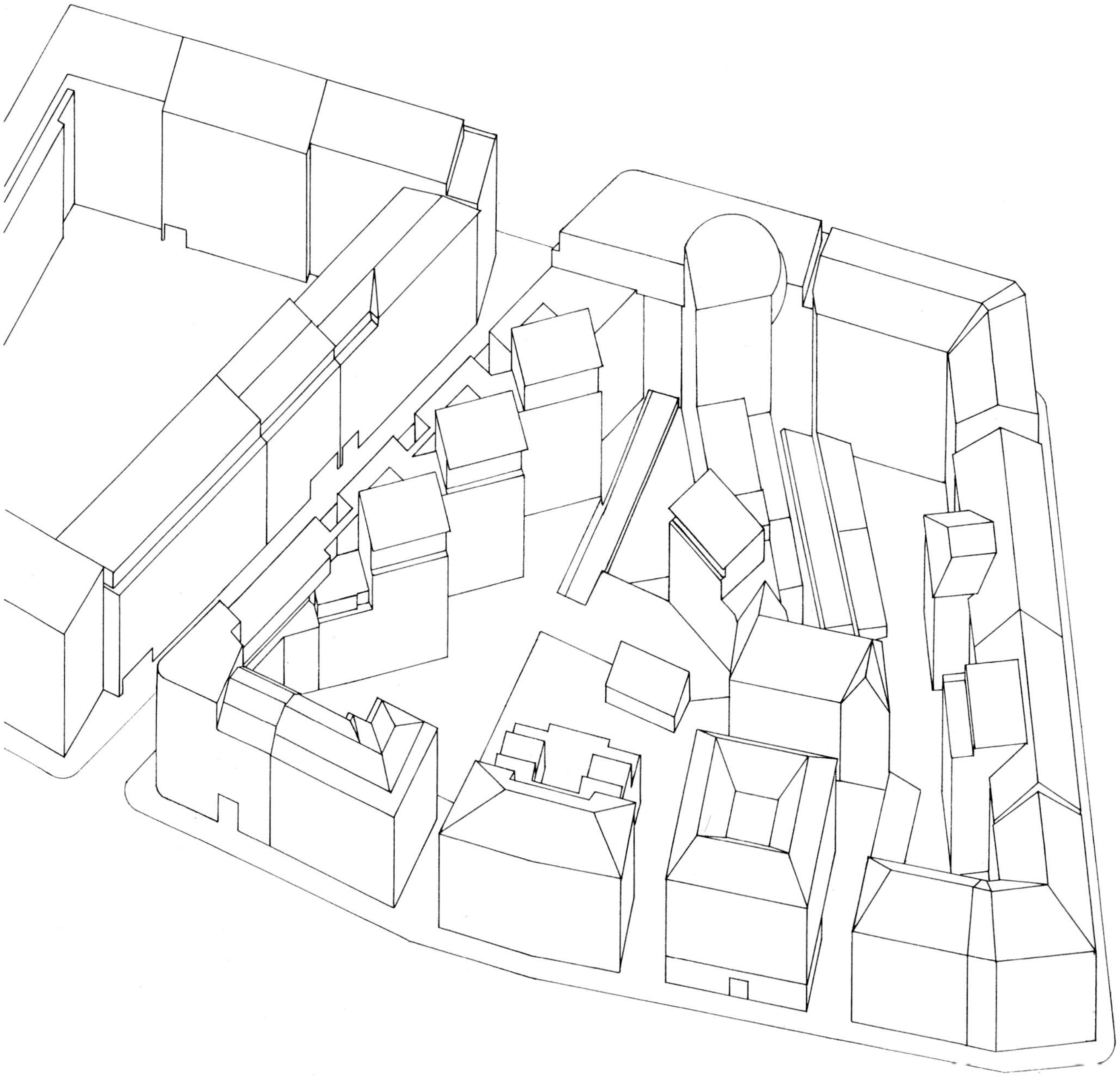

4–7. Grundrisse (Erdgeschoß, 2. Obergeschoß, 5. Obergeschoß Büros und 6. Obergeschoß Wohnen, 6. Obergeschoß Büros und 7. Obergeschoß Wohnen).

4–7. Floor plans (ground floor, 2nd floor, 5th floor offices and 6th floor flats, 6th floor offices and 7th floor flats).

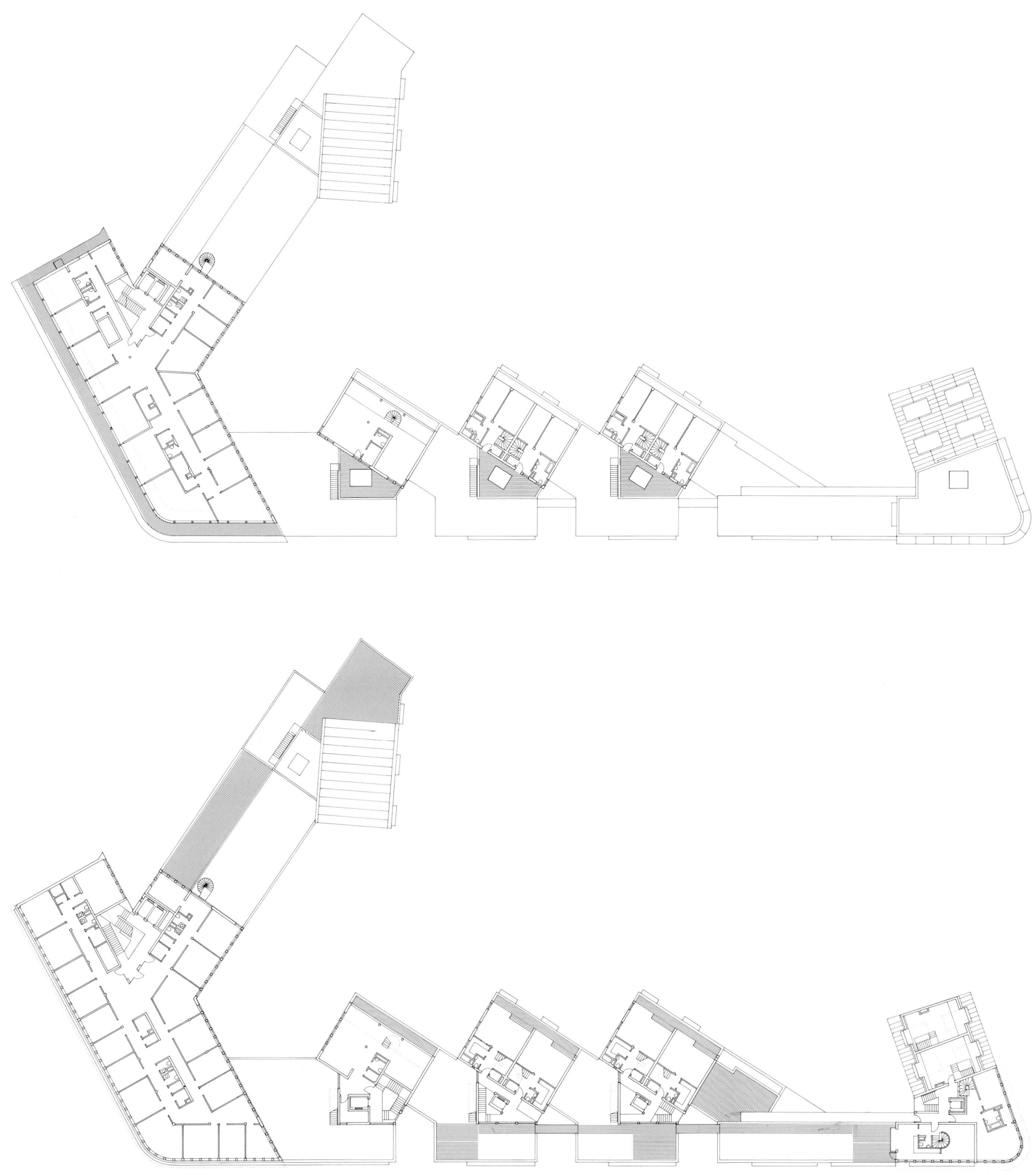

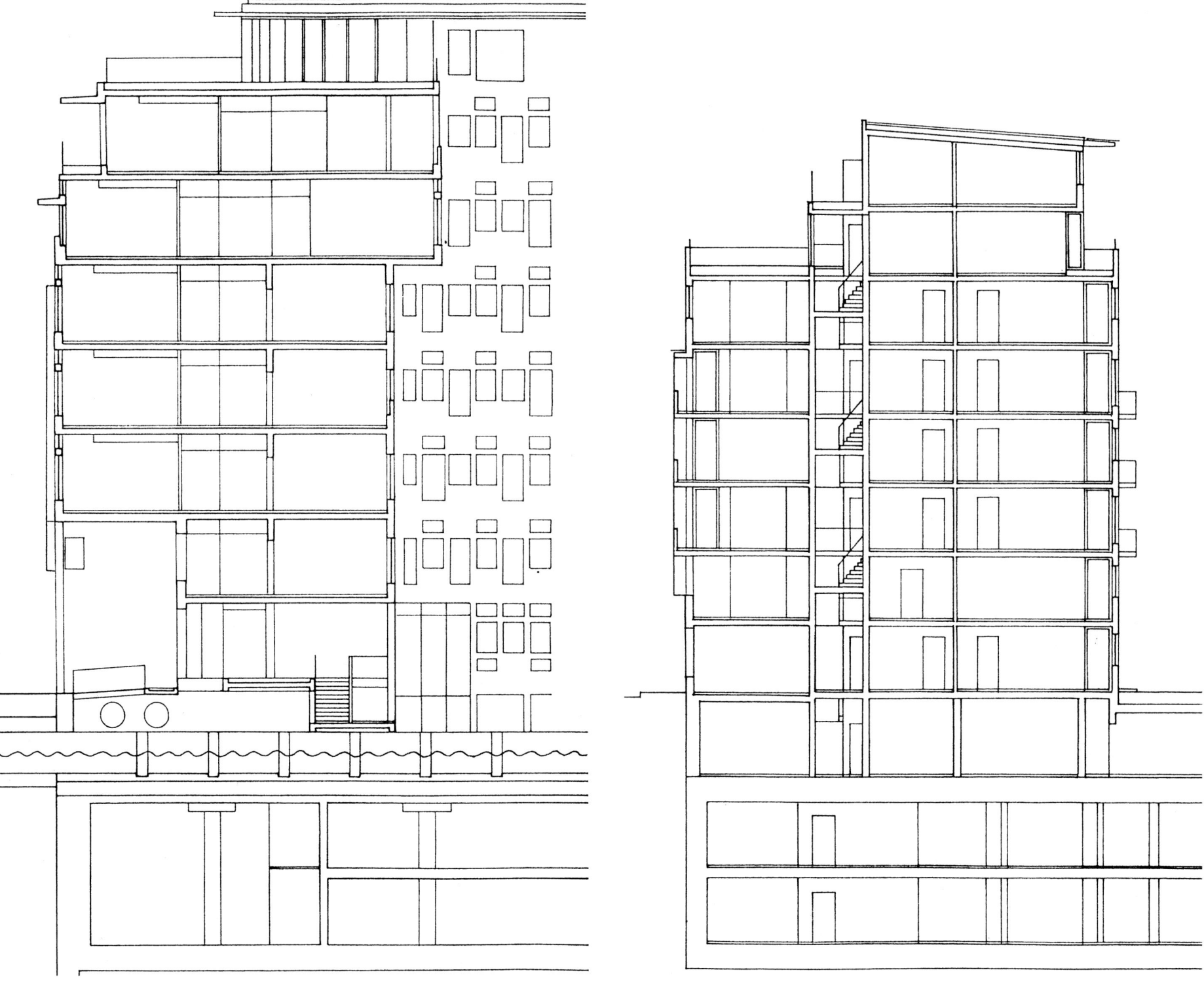

8. Schnitt durch den Bürobereich an der Prinzregentenstraße.
9. Schnitt durch den Wohnbereich an der Bruderstraße.
10. Übersicht.
11, 12. Detail der Fassade im Bürobereich.

8. Section through the office area on Prinzregentenstraße.
9. Section through the living area on Bruderstraße.
10. Overview.
11, 12. Detail of the façade in the office area.

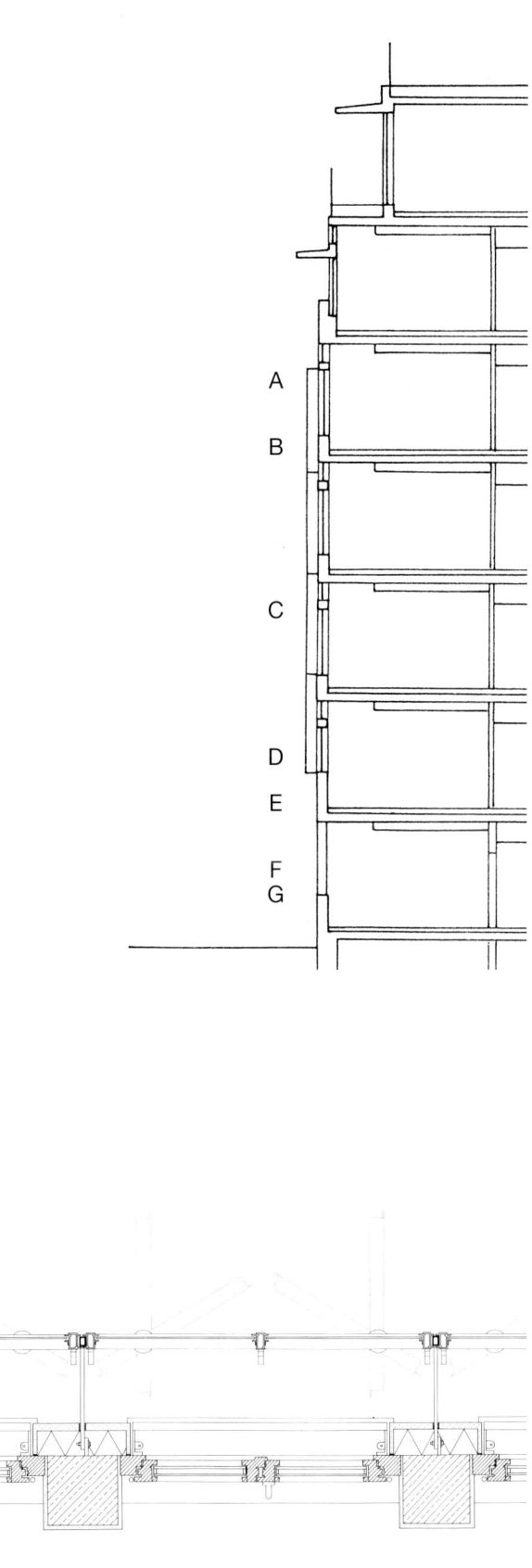
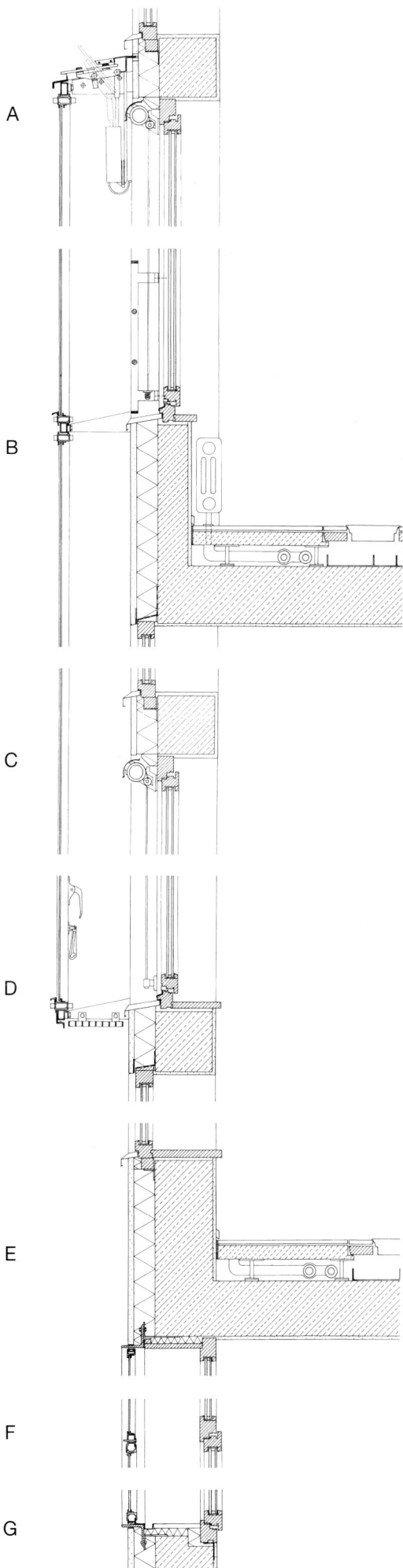

S. 24/25
1. Blick vom Englischen Garten auf das Gebäude im Sommer.

p. 24/25
1. View of the building from the Englischer Garten in summer.

2. Blick vom Englischen Garten auf das Gebäude im Winter.
3, 4. Der Bereich an der Prinzregentenstraße.

2. View of the building from the Englischer Garten in winter.
3, 4. The area facing Prinzregentenstraße.

5, 6. Details der Fassade im Bürobereich.

5, 6. Details of the façade in the office area.

7, 8. Die Fassade des Wohnbereichs an der Bruderstraße.

S. 32/33
9. Blick von der Ecke Bruderstraße und Unsöldstraße auf das Gebäude.

7, 8. The façade of the living area on Bruderstraße.

p. 32/33
9. View of the building from the corner of Bruderstraße and Unsöldstraße.

10, 11. Details der Fassade des Wohnbereichs an der Bruderstraße.

S. 36, 37
12. Blick von Süden in den Hof.

10, 11. Details of the façade of the living area in Bruderstraße.

p. 36, 37
12. View of the courtyard from the south.

13. Blick vom Hof auf den Bereich an der Bruderstraße.
14. Blick vom Hof auf den Bereich an der Ecke zwischen Bruderstraße und Prinzregentenstraße.

13. View of the area on Bruderstraße from the courtyard.
14. View of the area at the corner of Bruderstraße and Prinzregentenstraße.

15, 16. Blick auf den Turm des Bereichs an der Prinzregentenstraße.

15, 16. View of the tower of the area on Prinzregentenstraße.

17–19. Blick auf den Hofbereich um den Stadtmühlbach.

17–19. View of the courtyard area around the Stadtmühlbach.

20, 21. Laubengang im Wohnbereich an der Bruderstraße.

20, 21. Covered way in the living area on Bruderstraße.

22, 23. Treppenhaus im Wohnbereich an der Bruderstraße.

22, 23. Staircase in the living area on Bruderstraße.

24, 25. Dachzone im Wohnbereich an der Bruderstraße.

24, 25. Roof zone in the living area on Bruderstraße.

26, 27. Eingang zum Bürobereich an der Prinzregentenstraße.

26, 27. Entrance to the office area on Prinzregentenstraße.

28, 29. Foyer im Bürobereich.   28, 29. Hall in the office area.

30. Wandbild von Erich Wiesner im Foyer des Bürobereichs.
31. Blick vom Foyer des Bürobereichs auf den Stadtmühlbach.

30. Wall painting by Erich Wiesner in the hall of the office area.
31. View of the Stadtmühlbach from the hall of the office area.

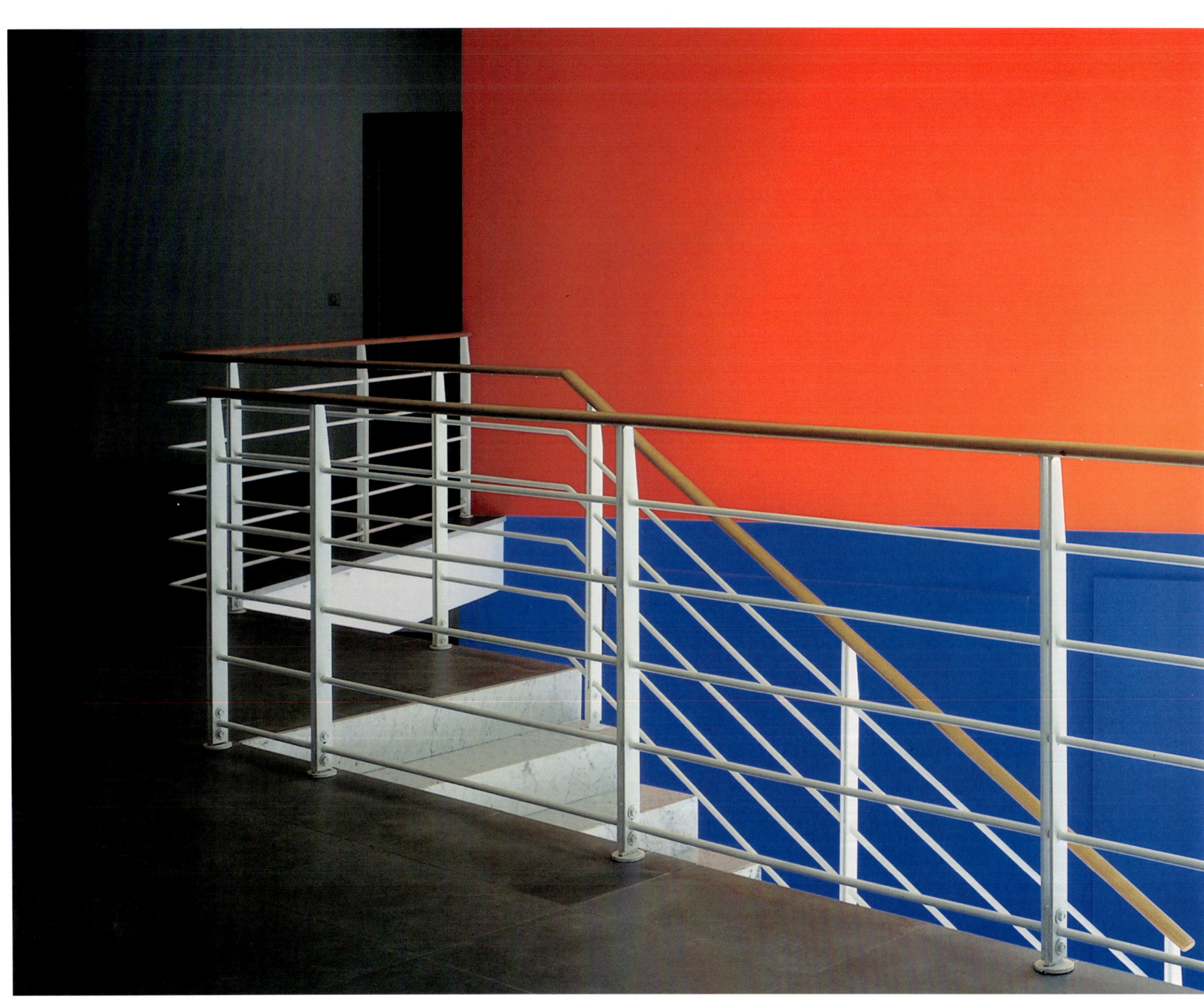

32, 33. Treppenhaus im Bürobereich.

32, 33. Staircase in the office area.

34, 35. Sitzungssaal auf dem Dach des Bürobereichs an der Prinzregentenstraße.
36. Blick vom Dachgarten vor dem Sitzungssaal auf die Stadt.

34, 35. Conference room on the roof of the office area on Prinzregentenstraße.
36. View of the city from the roof garden in front of the conference room.

Wacker-Haus
Prinzregentenstraße 22
80538 München

Bauherr/Client
Pensionskasse der Wacker-Chemie GmbH, München/Munich. Projektleiter/Project manager: Heye Schuster

Architekten/Architects
Steidle + Partner, München/Munich. Projektarchitekten/Project architects: Otto Steidle, Hans Kohl, Erich Gassmann; Mitarbeiter/collaborators: Martin Klein, Begoña Gonzalo Orden, Martina Hornhardt

Generalplaner/General planners
Obermeyer Planen + Beraten, München/Munich. Projektleiter/Project manager: Jochen Lüdicke, Bernhard Schirmer; Tragwerksplanung/structural engineering: Konrad Zacherl; Haustechnik/installations: Bartlin Brauchle

Farbkonzept/Colour concept
Erich Wiesner, Berlin

Landschaftsarchitekten/Landscape architects
Latz + Partner, Ampertshausen. Projektleiter/Project managers: Anneliese Latz, Peter Latz; Mitarbeiter/collaborators: Katja Aufermann, Jutta Wippermann; Bauleitung/site management: Berthold Stückle

Gartenkunst/Garden art
Muhammad Abdullah H. Mumme, München/Munich. Mitarbeiter/collaborator: Herbert Hahn

Lichtplanung/Lighting design
Werner Lampl, Diessen

Projektsteuerung/Project management
ALBA Allgemeine Bau- und Anlagen- Planungs-Gesellschaft mbH, Grünwald. Projektleiter/Project manager: Hans-Bernd Thüns

Bauleitung/Site management
Christina Högerl (Steidle + Partner); Stefan Pfundstein, Udo Raab, Josef Weidinger (Obermeyer Planen + Beraten)

Die folgenden Firmen haben die Herausgabe dieses Buches finanziell unterstützt:
The following firms have given financial support to the publication of this book:

Alpine Bau Deutschland GmbH, Eching
Brillux König + Flügger GmbH & Co. KG, Münster
Clauss Markisen Projekt GmbH, Bissingen-Ochsenwang
Gisoton Baustoffwerke Gebhart & Söhne GmbH & Co., Aichstetten
Haderstorfer Garten-, Landschafts- und Sportplatzbau, Ergolding
Obermeyer Planen + Beraten, München/Munich
Parkett Leuthe GmbH, Rosenheim
Pensionskasse der Wacker-Chemie GmbH, München/Munich
Schindler GmbH & Co. Fenster – Fassaden – Innenausbau KG, Roding-Wiesing
Trube & Kings Metallbaugesellschaft mbH, Düsseldorf